Marie-Laure Tombini

Biscuits & gâteaux de Noël

Du sablé à la bûche, toutes les techniques
en pas à pas pour se régaler

MANGO
éditions

Gâteaux de Noël

Vous êtes fan de pâtisserie et vous aimeriez faire des merveilles comme les grands pâtissiers ? Ce livre est fait pour vous : organisé en 4 niveaux pour vous aider à progresser selon les difficultés des techniques et des recettes, il vous permettra de réaliser de nombreux gâteaux de Noël.

Grâce aux pas à pas en images réalisés pour les étapes complexes, vous pourrez bien comprendre les astuces de chaque préparation, de chaque technique associée à la recette choisie.

Tout comme vous, j'aime pâtisser, créer et surprendre, avec de jolies recettes faciles à faire. Vous verrez ainsi qu'avec de bonnes bases, vous pourrez réaliser des desserts inattendus ! Dans ce livre, je vous propose des petits et gros gâteaux à préparer pour Noël. Ils ont tous été testés et approuvés par mon entourage.

Marie-Laure Tombini

Sommaire

Facile

Débutez par ces recettes simples de petits gâteaux qui ne requièrent pas de techniques particulières, mais promettent de faire beaucoup d'effet auprès de vos invités quand vous leur offrirez !

Facile

Bonshommes en pain d'épices

Pour 15 à 20 bonshommes
Préparation : 20 minutes
Repos : 1 heure
Cuisson : 12 minutes

Ingrédients
70 g de beurre doux
70 g de sucre
100 g de miel d'acacia
1 œuf moyen
2 cuillerées à café de mélange d'épices à pain d'épices
300 g de farine
1 cuillerée à café de levure chimique ou poudre à lever

Pour le décor
60 g de sucre glace
10 g de blanc d'œuf

1 Dans une casserole, faites chauffer le beurre, le sucre et le miel jusqu'à ce que le beurre soit fondu. Retirez du feu et laissez tiédir.

3 Ajoutez la farine et la levure et pétrissez la pâte à la main. (elle est encore un peu collante à cette étape). Laissez-la reposer pendant 1 heure au réfrigérateur.

2 Dans un saladier, fouettez l'œuf avec les épices et la préparation beurre-miel.

4 Préchauffez le four à 150 °C (th. 5). Étalez la pâte sur un plan de travail fariné, sur environ 5 mm d'épaisseur. Découpez les biscuits à l'aide d'un emporte-pièce. Enfournez et faites cuire 12 minutes.

5 Mélangez le sucre glace et le blanc d'œuf. Versez dans une poche à douille et décorez les biscuits refroidis.

Facile

Sablés rennes de Noël

Pour environ 40 sablés
Préparation : 30 minutes
Repos : 30 minutes
Cuisson : 10 à 12 minutes

Ingrédients
180 g de beurre mou
200 g de sucre
1 œuf + 1 jaune
½ cuillerée à café de vanille en poudre
350 g de farine
80 à 120 g de chocolat noir de couverture
Quelques Smarties® (marrons et rouges)

1 Dans un saladier, travaillez le beurre avec le sucre. Ajoutez l'œuf et le jaune, puis la vanille et la farine. Formez une boule. Laissez-la reposer 30 minutes au frais. Étalez-la et découpez des cercles de 8 cm.

3 Faites fondre le chocolat au bain-marie et versez-le dans un sac congélation. Coupez légèrement la pointe du sac pour l'utiliser comme une poche à douille.

2 Préchauffez le four à 180 °C (th. 6). Enfournez et faites cuire nviron 10 à 12 minutes. Laissez-les ien refroidir avant de les manipuler ar ils sont très fragiles.

4 Dessinez les yeux et les cornes, et mettez un peu de chocolat our coller un Smarties® fin de former le nez.

Facile

Sablés oursons câlins

Pour 30 à 40 oursons
Préparation : 30 minutes
Repos : 1 heure
Cuisson : 10 minutes

Ingrédients
180 g de beurre mou
200 g de sucre en poudre
1 œuf + 1 jaune
½ cuillerée à café
de vanille en poudre
350 g de farine de blé
30 à 40 amandes

1 Dans un saladier, travaillez le beurre mou avec le sucre. Ajoutez l'œuf et le jaune, puis la vanille et la farine. Formez une boule de pâte. Réservez-la 1 heure au frais puis étalez-la sur un plan de travail fariné.

3 Sur chaque ourson, déposez une amande et repliez les pattes de l'ourson dessus.

2 Préchauffez le four à 180 °C (th. 6). Découpez les formes à l'aide d'un emporte-pièce en forme de petit ourson. Déposez-les sur une plaque recouverte de papier sulfurisé ou d'une toile en silicone.

4 Enfournez et faites cuire 10 minutes puis laissez bien refroidir les oursons avant de les manipuler car ils sont très fragiles.

Sablés vitraux nature

Pour environ 12 sablés
Préparation : 40 minutes
Repos : 30 minutes
Cuisson : 12 à 15 minutes

Ingrédients
125 g de beurre
250 g de farine
100 g de sucre
1 œuf
8 bonbons durs translucides verts
8 bonbons durs translucides rouges ou roses

Vous pouvez aussi réaliser des sablés à la gelée (voir couverture). Confectionnez 24 sablés en forme d'étoile. Évidez-en 12 en y découpant une étoile plus petite au centre. Saupoudrez les étoiles évidées de sucre glace.

Mélangez 4 cuillerées à soupe de gelée de groseilles ou de framboises, 4 cuillerées à café d'agar-agar en poudre et 1 à 2 cuillerées à soupe d'eau froide dans une petite casserole. Mélangez et laissez reposer 5 minutes. Faites chauffer à feu doux sans cesser de mélanger jusqu'à ce que la gélatine fonde. Laissez refroidir jusqu'à ce que la gelée commence à figer.

Avec une cuillère, étalez un peu de gelée au centre des étoiles pleines, posez sur chaque sablé un sablé évidé et laissez prendre la gelée à température ambiante.

1 Mélangez le beurre, la farine et le sucre. Ajoutez l'œuf battu et façonnez une boule. Aplatissez-la légèrement, couvrez-la d'un film alimentaire et laissez-la reposer pendant 30 minutes au réfrigérateur.

3 Préchauffez le four à 180 °C (th. 6). Mixez les bonbons pour obtenir une fine poudre.

2 Étalez la pâte sur un plan de travail fariné. Découpez es étoiles à l'aide d'un emporte-ièce. Posez-les sur une plaque ecouverte de papier sulfurisé. Évidez es sablés en découpant une étoile lus petite au centre.

4 Répartissez-la au centre des sablés. Faites un trou vec une petite douille pour pouvoir asser un fil après cuisson. Enfournez t faites cuire 12 à 15 minutes.

Facile

Sablés boules de Noël

Pour 15 à 20 sablés
Préparation : 30 minutes
Repos : 50 minutes
Cuisson : 10 à 12 minutes

Ingrédients
80 g de beurre doux
180 g de farine de blé T65
80 g de sucre
2 jaunes d'œufs
20 g d'eau (2 cl)
2 cuillerées à café de thé vert matcha
Colorant alimentaire rouge

1 Émiettez le beurre, la farine et le sucre. Incorporez les jaunes d'œufs et l'eau. Partagez la pâte en deux parties égales, colorez l'une avec le thé matcha, l'autre avec le colorant rouge.

3 Roulez les deux pâtes ensemble, sur elles-mêmes, pour former un gros rouleau. Mettez-le pendant 20 minutes au congélateur pour le durcir et faciliter la découpe.

2 Laissez reposer pendant 30 minutes au réfrigérateur. Sur un plan de travail fariné, étalez les pâtes en deux rectangles de taille identique. Superposez-les et retirez les bouts de pâte qui dépassent.

4 Préchauffez le four à 180 °C (th. 6). Découpez des rondelles de 0,5 cm et posez-les sur une plaque recouverte de papier sulfurisé. Faites un trou avec une petite douille pour pouvoir passer un fil après cuisson.

5 Faites cuire les sablés pendant 10 à 12 minutes. Laissez-les complètement refroidir puis passez un petit fil dans le trou du sablé pour suspendre les biscuits sur votre sapin.

Facile

Kipferls à la vanille

Pour 15 à 20 kipferls à la vanille
Préparation : 15 minutes
Cuisson : 15 minutes

Ingrédients
100 g de beurre mou
40 g de sucre
¼ de cuillerée à café de vanille en poudre
50 g de poudre d'amandes
140 g de farine

Pour le sucre d'enrobage
30 g de sucre glace
15 g de sucre

1 Dans un saladier, mélangez le beurre mou, le sucre et la vanille en poudre jusqu'à l'obtention d'une consistance de pommade.

3 Prélevez des petits morceaux de pâte, roulez-les pour former des petits boudins et incurvez-les pour former des croissants. Préchauffez le four à 180 °C (th. 6).

2 Incorporez la poudre d'amandes et la farine à l'aide d'une cuillère
n bois puis finissez de travailler
a pâte à la main pour obtenir
ine boule homogène.

4 Placez les kipferls à la vanille sur une plaque recouverte
de papier sulfurisé. Enfournez
et faites cuire 15 minutes.
Laissez-les refroidir puis enrobez-les
avec le sucre d'enrobage.

Facile

Truffes au chocolat au lait et à la fleur d'oranger

Pour 20 à 30 truffes
Préparation : 30 minutes
Cuisson : 5 minutes
Repos : 1 nuit

Ingrédients
200 g de chocolat au lait
100 g de beurre
80 g de crème liquide
20 g d'eau de fleur d'oranger

Pour l'enrobage
Cacao en poudre

1 Faites fondre le chocolat et le beurre au bain-marie.

3 Mélangez bien, laissez refroidir puis réservez 1 nuit au réfrigérateur.

Conseil

Ces truffes se conservent dans une boîte hermétique au réfrigérateur.

2 Hors du feu, incorporez la crème liquide et la fleur d'oranger.

4 Faites des boules de chocolat avec une cuillère et roulez-les dans le cacao en poudre.

CONFIRMÉ

Vous allez maintenant réaliser de petits et gros gâteaux à partager, en assimilant de nouvelles techniques de base (la pâte d'amande, la pâte à brioche ou encore la meringue française...). Vous pourrez ensuite passer au niveau supérieur.

Tarte flocon de neige

Pour 8 personnes
Préparation : 20 minutes
Cuisson : 35 minutes
Repos : 2 heures

Ingrédients
4 pâtes à pizza rondes
360 g de chocolat noir à 52 % de cacao
15 cl de jus d'orange
60 g d'écorces d'oranges confites
Sucre glace

Pour le gâteau

1. Faites fondre le chocolat au bain-marie.
2. Faites chauffer le jus d'orange et ajoutez-le au chocolat. Mélangez avec une maryse jusqu'à l'obtention d'une texture homogène de ganache.
3. Laissez la ganache refroidir à température ambiante ou au réfrigérateur, et reprenez-la quand elle a une texture de pâte à tartiner.
4. Émincez les écorces d'oranges en petits dés.

Pour le montage

5. Réalisez la tarte flocon de neige selon la technique p. 26.

Conseil

Vous pouvez remplacer le jus d'orange par de la crème liquide pour avoir une ganache classique et la parfumer avec des noisettes concassées, de la fève tonka, du pralin…

Confirmé

Le pliage de la tarte flocon de neige

Pour 8 personnes
Préparation : 20 minutes
Cuisson : 35 minutes
Repos : 2 heures

Ingrédients
4 pâtes à pizza rondes
Ganache au chocolat
et à l'orange (voir recette p. 24)
60 g d'écorces d'oranges confites
Sucre glace

1 Déposez un disque de pâte à pizza sur une planche recouverte de papier sulfurisé.

5 Recouvrez avec un troisième disque de pâte et répartissez le restant de ganache et d'oranges confites. Recouvrez du dernier disque de pâte.

2 Tartinez la pâte d'un tiers de la ganache au chocolat t saupoudrez avec un tiers des dés 'oranges confites.

3 Recouvrez avec un second disque de pâte.

4 Tartinez à nouveau avec un tiers de ganache au chocolat et un tiers des dés d'oranges confites.

6 Réservez pendant 1 heure au réfrigérateur puis, découpez eize parts dans la tarte sans aller usqu'au bout de la découpe, comme ın soleil.

7 Prenez une part dans une main et vrillez-la vers l'intérieur, deux fois. Faites de même avec toutes les parts. Laissez reposer pendant 1 heure dans un endroit tiède.

8 Préchauffez le four à 160 °C (th. 5-6). Transvasez le flocon sur une plaque. Enfournez et faites cuire 35 minutes. Servez tiède ou froid, en saupoudrant de sucre glace.

Christstollen

Pour 8 à 10 personnes
Préparation : 1 heure
Cuisson : 30 minutes
Repos : 2 heures 15

Pour le stollen
100 g de raisins secs
100 g de fruits confits
5 cl de rhum
1 sachet de levure
de boulanger déshydratée
12 cl de lait
300 g de farine
125 g de beurre mou
40 g de sucre en poudre
1 cuillerée à café de 4 épices
½ cuillerée à café de sel
Sucre glace pour le décor

Pour la pâte d'amande
(voir technique p. 30)
180 de poudre d'amandes
40 g de blanc d'œuf
120 g de sucre glace

Pour la pâte levée aux fruits

1. Mélangez les raisins, les fruits confits dans le rhum et un peu d'eau. Laissez mariner pendant 15 minutes.
2. Délayez la levure dans le lait tiède. Laissez reposer pendant 15 minutes.
3. Dans un saladier, mélangez la farine, le lait tiède, le beurre mou, le sucre, le sel et les épices. Pétrissez la pâte au robot ou sur un plan de travail fariné : étirez-la et rabattez-la pour lui incorporer de l'air et développer le réseau de gluten.
4. Laissez reposer pendant 45 minutes dans un endroit tiède.
5. Reprenez la pâte. Posez-la sur un plan de travail fariné et chassez l'air en l'écrasant avec le poing. Incorporez les fruits confits.

Pour la pâte d'amande et le montage

6. Réalisez la pâte d'amande et façonnez la brioche selon la technique p. 30.
7. Laissez reposer le stollen pendant 1 heure dans un endroit tiède.
8. Préchauffez le four à 180 °C (th. 6), enfournez le stollen et faites cuire 30 minutes.
9. Laissez-le complètement refroidir puis saupoudrez de sucre glace avant de servir.

La pâte d'amande et le façonnage

Pour 340 g de pâte d'amande
Préparation : 15 minutes
1 pâte levée aux fruits confits
(voir recette p. 28)

Pour la pâte d'amande
120 g de sucre glace
180 de poudre d'amandes
40 g de blanc d'œuf

1 Mixez le sucre glace et la poudre d'amandes pour affiner la préparation.

5 Formez un boudin d'environ 30 cm de long.

Confirmé

2 Tamisez les poudres.

3 Incorporez le blanc d'œuf et mélangez jusqu'à l'obtention d'une boule de pâte.

4 Réalisez la pâte levée aux fruits confits selon la recette p. 28.

6 Étalez la pâte et déposez le boudin de pâte d'amande u centre.

7 Refermez ensuite la pâte.

Panettone

Pour 6 à 8 personnes
Préparation : 1 heure 30
Repos : 15 minutes
Cuisson : 1 heure

Ingrédients
100 g de raisins secs
50 g de fruits confits
450 g de farine de blé
1 sachet de levure de boulanger déshydratée (12 g)
1 œuf + 2 jaunes
15 cl de lait tiède
150 g de beurre
60 g de sucre

1. Réhydratez la levure dans 3 cuillerées à soupe d'eau tiède. Laissez reposer pendant 15 minutes.
2. Réalisez la pâte à brioche selon la technique p. 34. Mettez-la dans un moule à panettone de 18 cm de diamètre.
3. Préchauffez le four à 180 °C (th. 6).
4. Faites cuire le panettone pendant 1 heure. Laissez-le complètement refroidir avant de le démouler et de le découper.

Confirmé

La pâte à brioche

Pour 6 à 8 personnes
Préparation : 20 minutes
Repos : 1 heure 30 minimum
Cuisson : 1 heure

Ingrédients
450 g de farine de blé
1 sachet de levure de boulanger déshydratée
60 g de sucre
1 œuf + 2 jaunes
15 cl de lait tiède
150 g de beurre
100 g de raisins secs (facultatif)
50 g de fruits confits (facultatif)

Conseil

Pour que la pâte lève suffisamment en hiver, vous pouvez placer le bol près d'un radiateur pendant la levée, en veillant à le tourner de temps en temps.
Vous pouvez aussi préchauffez votre four 5 minutes à 50 °C (th. 1-2), puis l'éteindre et y placer la pâte le temps de la levée.

1 Dans le bol du robot, versez la farine, la levure réhydratée dans 2 cuillerées à soupe d'eau tiède et le sucre.

5 Recouvrez le bol d'un torchon et laissez reposer la pâte pendant 45 minutes à 1 heure dans un endroit tiède à l'abri des courants d'air.

2 Ajoutez l'œuf, les jaunes, le lait et le beurre fondu.

3 Commencez à pétrir la pâte à l'aide d'un crochet pétrisseur, pendant 15 minutes.

4 Incorporez les raisins secs et les fruits confits. Continuez à pétrir pendant quelques minutes pour bien les incorporer.

6 La pâte doit doubler de volume.

7 Reprenez la pâte, chassez l'air et mettez-la dans un moule à brioche.

8 Laissez reposer 45 minutes à 1 heure dans un endroit tiède, jusqu'à ce qu'elle double de volume.

Manneles

Pour 8 à 10 manneles
Préparation : 30 minutes
Cuisson : 15 à 20 minutes
Repos : 2 heures

Ingrédients
5 g de levure de boulanger déshydratée
50 g de beurre
12 cl de lait demi-écrémé
270 g de farine de blé T65
50 g de sucre
1 œuf
1 pincée de cannelle

Pour le décor
40 g de chocolat noir à 52 % de cacao
2 cuillerées à soupe de sucres vermicelles au chocolat

Pour la pâte

1. Réhydratez la levure de boulanger dans 2 cuillerées à soupe d'eau tiède. Laissez reposer pendant 15 minutes.
2. Faites chauffer le beurre et le lait dans une casserole pour faire fondre le beurre. Retirez du feu et laissez tiédir.
3. Dans le bol de la machine à pain (ou dans un saladier), versez la levure, la farine, le sucre, l'œuf battu, le beurre fondu et la cannelle. Lancez le programme « pâte » ou mélangez tous les ingrédients à la main puis pétrissez la pâte sur le plan de travail. Ajoutez un peu de farine si la pâte colle trop.
4. Laissez reposer la pâte pendant 1 heure dans un endroit tiède jusqu'à ce qu'elle double de volume (cette étape est comprise dans le programme « pâte » de votre machine).

Pour le montage

5. Reprenez la pâte et chassez l'air. Réalisez le façonnage des manneles selon la technique p. 38.

Le façonnage des manneles

Pour 8 à 10 manneles
Préparation : 15 minutes
Cuisson : 15 à 20 minutes
Repos : 45 minutes

Ingrédients
1 pâte à manneles
(voir recette p. 36)
40 g de chocolat noir
à 52 % de cacao
2 cuillerées à soupe de sucres
vermicelles au chocolat

Confirmé

Conseil

Vous pouvez aussi utiliser des pépites de chocolat ou une pointe de chocolat fondu pour faire les yeux.

1 Étalez la pâte sur un plan de travail fariné ou sur une toile en silicone sur environ 1 cm d'épaisseur.

5 Faites fondre le chocolat noir au bain-marie. Placez-le dans un petit ramequin.

2 Découpez des bonshommes à l'aide d'un emporte-pièce bonhomme.

3 Étirez un peu les pieds des bonhommes. Laissez-les reposer pendant 45 minutes dans un endroit tiède.

4 Préchauffez le four à 180 °C (th. 6) puis enfournez les manneles et faites cuire 15 à 20 minutes. Laissez-les refroidir sur une grille.

6 Trempez les pieds des bonshommes, un à un, dans le chocolat fondu.

7 Trempez la tête des bonshommes et saupoudrez-les de vermicelles au chocolat.

8 Dessinez les yeux avec des petites perles sucrées noires.

Cake étoilé

Pour 1 cake
(8 à 10 personnes)
Préparation : 50 minutes
Cuisson : 1 heure 45

Pour la pâte à gâteau
à la pistache
175 g de beurre mou
175 g de sucre
3 œufs moyens
2 cuillerées à café d'arôme
de pistache (facultatif)
175 g de farine
1 pointe de couteau
de colorant vert en poudre

Pour la pâte à gâteau
au chocolat
175 g de beurre mou
145 g de sucre
175 g d'œufs (3 œufs moyens)
100 g de chocolat noir dessert
175 g de farine
1 cuillerée à café de levure
chimique

Pour le gâteau

1. Réalisez la pâte à la pistache : dans un saladier, fouettez le beurre mou et le sucre jusqu'à avoir une texture de pommade. Incorporez les œufs un à un puis ajoutez l'arôme de pistache, la farine et le colorant.
2. Versez la pâte dans un moule à cake et réalisez la cuisson et la découpe selon la technique p. 42 (de l'étape 1 à 4).
3. Réalisez la pâte au chocolat : dans un saladier, fouettez le beurre mou et le sucre jusqu'à avoir une texture de pommade. Incorporez les œufs un à un, puis le chocolat. Finissez en ajoutant la farine et la levure tamisées.

Pour le montage

4. Terminez la réalisation du cake étoilé selon la technique p. 42 (de l'étape 5 à 8).

Le montage du cake étoilé

Confirmé

Pour 1 cake
(8 à 10 personnes)
Préparation : 50 minutes
Cuisson : 1 heure 45
1 pâte à gâteau à la pistache
(voir recette p. 40)
1 pâte à gâteau au chocolat
(voir recette p. 40)

Conseil

Les chutes du gâteau à la pistache sont aussi délicieuses à manger. Conservez-les dans une boîte hermétique et dégustez-les au goûter ou au petit-déjeuner.

1 Réalisez la pâte à gâteau à la pistache (voir recette p. 40). Préchauffez le four à 180 °C (th. 6).

5 Réalisez la pâte au chocolat (voir recette p. 40).

2 Répartissez-la dans un moule à cake et enfournez our 50 minutes.

3 Laissez refroidir le cake sur une grille.

4 Découpez-le en tranches et découpez des étoiles dans chaque tranche à l'aide d'un emporte-pièce.

6 Versez 1 cm de pâte dans le fond du moule à cake. éposez une rangée bien serrée 'étoiles vertes.

7 Faites cuire pendant 5 minutes à 180 °C (th. 6). Cela va bien fixer les étoiles au fond du moule.

8 Versez le reste de pâte et faites cuire 50 minutes à 180 °C (th. 6).

Confirmé

Pavlova rose-agrumes

Pour 8 à 10 personnes
Préparation : 1 heure
Cuisson : 2 heures

Pour la meringue française (voir technique p. 46)
160 g de blancs d'œufs (environ 4 gros blancs)
1 cuillerée à café de jus de citron
320 g de sucre en poudre
1 pincée de sel

Pour le curd au pamplemousse (voir technique p. 48)
15 cl de jus de pamplemousse
30 g de Maïzena®
3 œufs
5 cl de citron
55 g de beurre
80 g de sucre

Pour la chantilly au mascarpone et à la rose
40 cl de crème liquide entière froide
200 g de mascarpone
50 g de sucre glace
1 pointe de couteau de colorant rose
Quelques gouttes d'arôme de rose

Pour les suprêmes d'agrumes
1 orange
1 pamplemousse

Pour la meringue

1. Réalisez 3 coques de meringue selon la technique p. 46.

Pour le curd au pamplemousse

2. Réalisez le curd selon la technique p. 48.

Pour les suprêmes et la chantilly

3. Prélevez les suprêmes de l'orange et du pamplemousse.
4. Dans un bol bien froid, fouettez la crème et le mascarpone pour bien les mélanger. Ajoutez le sucre et fouettez énergiquement pour monter la crème en chantilly.
5. Ajoutez une pointe de colorant rose et l'arôme de rose pour la parfumer.

Pour le montage

6. Déposez une coque de meringue sur le plat de service. Répartissez 1/3 du curd et 1/3 de la chantilly. Renouvelez l'opération deux fois.
7. Décorez avec les zestes d'agrumes.

Conseil

Attention, ce dessert ne doit pas être fait à l'avance (2 à 3 heures maximum), car la meringue risquerait de fondre au contact de la chantilly et de la crème d'agrumes.

La meringue française

Pour 3 coques de 18 cm de diamètre
Préparation : 20 minutes
Cuisson : 2 heures

Ingrédients
160 g de blancs d'œufs (environ 4 gros blancs)
1 cuillerée à café de jus de citron
320 g de sucre en poudre
1 pincée de sel

1 Dans un saladier, versez les blancs d'œufs avec le sel et le jus de citron.

5 Versez la meringue dans une poche pâtissière munie d'une douille cannelée de 8 mm.

2 Commencez à fouetter les blancs à petite vitesse 'ec un fouet électrique. Cette étape ıppelle « débrouiller les œufs ».

3 Continuez à battre à vitesse moyenne : les blancs vont augmenter en volume et blanchir.

4 Versez le sucre en pluie, en une seule fois et fouettez à puissance maximum pendant 3 minutes. La meringue devient lisse et brillante et forme un bec d'oiseau quand on retire le fouet.

6 Sur 2 plaques, placez 3 cercles en inox de 18 cm de diamètre. tilisez-les comme modèle our tracer 3 cercles de meringue en ronds.

7 Retirez les cercles en inox et complétez le centre avec de la meringue.

8 Préchauffez le four à 100 °C (th. 3-4). Peaufinez le côté des meringues en redéposant un cercle extérieur de meringue. Enfournez et faites cuire les coques pendant 2 heures.

Le curd aux agrumes

Pour 500 g de curd
Préparation : 15 minutes
Cuisson : 5 minutes

Ingrédients
15 cl de jus d'agrumes (citron, pamplemousse, orange…)
30 g de Maïzena®
3 œufs
80 g de sucre
55 g de beurre

1 Coupez les agrumes en deux et prélevez 15 cl de jus.

5 Ajoutez ensuite le jus des agrumes.

2 Dans un petit bol, délayez la Maïzena® dans 7 cl d'eau.

3 Dans un saladier, fouettez les œufs avec le sucre jusqu'à ce que le mélange blanchisse.

4 Versez la Maïzena® délayée et mélangez bien.

6 Mettez cette préparation dans une casserole et faites cuire endant environ 5 minutes à feu noyen jusqu'à l'épaississement.

7 Laissez tiédir puis incorporez le beurre mou.

8 Versez le curd dans une poche à douille.

Tarte sapins

Pour 10 à 12 personnes
Préparation : 3 heures
Repos : 30 minutes
Cuisson : 40 minutes

Ingrédients
Pour environ 500 g de pâte sablée
125 g de beurre
250 g de farine
100 g de sucre
1 œuf (+ 1-2 cuillerée d'eau si besoin)

Pour la garniture aux marrons
350 g de marrons cuits
1 fève tonka
4 œufs
100 g de beurre doux
5 cl de crème liquide
200 g de sucre
10 cl d'eau

Pour le décor
500 g de pâte sablée
(voir l'étape 2)
30 g de blanc d'œuf
150 g de sucre glace
Colorant vert en poudre

1. Râpez la fève tonka à l'aide d'une râpe, type Microplane®.
2. Pour la pâte sablée, mélangez le beurre et la farine jusqu'à obtenir une texture sableuse. Ajoutez le sucre et la fève tonka râpée puis mélangez. Rajoutez l'œuf battu et travaillez la pâte pour former une boule. Aplatissez-la légèrement, emballez-la dans du film alimentaire et laissez-la reposer 30 minutes au réfrigérateur.
3. Mélangez les marrons, le sucre et l'eau dans une casserole. Faites bouillir et laissez cuire pendant 5 minutes à frémissement.
4. Mixez finement les marrons avec l'eau de cuisson et la crème.
5. Incorporez les œufs, un à un, et le beurre fondu en fouettant.
6. Étalez la pâte sur un plan de travail fariné. Foncez-en un moule à tarte rectangulaire de 28 cm x 21 cm. Préchauffez le four à 160 °C (th. 5-6).
7. Versez la garniture aux marrons et enfournez et faites cuire 30 minutes.
8. Étalez la seconde pâte et façonnez des sapins selon la technique p. 52.
9. Piquez-les sur la tarte bien froide.

Le décor sablés sapins

Pour une vingtaine de sablés
Préparation : 2 heures
Cuisson : 12 à 15 minutes

Ingrédients
500 g de pâte sablée
(voir la recette p. 50, étape 2)

Pour le décor
30 g de blanc d'œuf
150 g de sucre glace
Colorant vert en poudre

1 Dans la pâte sablée, découpez des sapins à l'aide d'un emporte-pièce.

5 Prélevez 2 cuillerées à soupe de glaçage. Partagez le reste en deux et colorez-les en vert clair et vert foncé à l'aide du colorant.

2 Préchauffez le four à 180 °C (th. 6). Placez les sapins ır une plaque recouverte une toile en silicone.

3 Enfournez-les pendant 12 à 15 minutes puis laissez-les complètement refroidir.

4 Préparez le glaçage royal en mélangeant le blanc d'œuf et le sucre glace.

6 Versez les 3 glaçages dans différentes poches à douille. oupez la pointe des poches t dessinez le pourtour vert es sablés. Laissez sécher.

7 Remplissez ensuite les sablés de glaçage vert et laissez sécher. Décorez en déposant des zigzags de glaçage blanc. Laissez sécher.

8 À l'aide du glaçage restant, soudez un cure-dent au dos de chaque sapin. Piquez-les dans la tarte.

EXPERT

Vous voilà dans la cour des grands ! La pâte de praliné, le biscuit dacquoise ou encore la crème diplomate n'auront plus de secrets pour vous, une fois cette étape franchie.

Bûche roulée à la mousse au chocolat

Pour 8 personnes
Préparation : 50 minutes
Cuisson : 15 minutes
Repos : 1 heure

Pour le biscuit roulé (voir technique p. 58)
100 g de farine
4 gros œufs
100 g de sucre
1 pincée de sel

Pour la mousse au chocolat (voir technique p. 60)
130 g de chocolat noir à 52 % de cacao
3 gros œufs
50 g de beurre
1 pincée de sel

Pour le glaçage au chocolat
100 g de crème liquide (environ 10 cl)
100 g de chocolat noir à 52 % de cacao

Pour le biscuit roulé

1. Réalisez le biscuit roulé selon la technique p. 58.

Pour la mousse au chocolat

2. Réalisez la mousse au chocolat selon la technique p. 60. Réservez-la au réfrigérateur pendant 1 heure.

Pour le montage

3. Déroulez le biscuit, étalez la mousse au chocolat et roulez-le délicatement. Coupez les extrémités.
4. Pour le glaçage, faites chauffer la crème et versez-la sur le chocolat râpé. Laissez prendre au réfrigérateur, la ganache va devenir moelleuse (attention, si vous laissez la ganache trop longtemps au réfrigérateur, elle va devenir dure, il faut la surveiller et l'utiliser au bon moment).
5. Tartinez votre bûche de ce mélange. Placez-la dans un plat rectangulaire et laissez-la au réfrigérateur jusqu'au moment de servir.

Le biscuit roulé

Pour 1 biscuit roulé
Préparation : 20 minutes
Cuisson : 10 minutes

Ingrédients
4 gros œufs
100 g de sucre
100 g de farine
1 pincée de sel

1 Séparez les blancs des jaunes de 3 œufs. Gardez le dernier entier.

5 Incorporez les blancs délicatement à la préparation précédente. Préchauffez le four à 180 °C (th. 6).

Expert

2 Dans un saladier, mélangez les jaunes d'œufs et l'œuf entier ec la moitié du sucre.

3 Ajoutez la farine. Mélangez pour avoir une pâte homogène.

4 Montez les blancs en neige et, lorsqu'ils sont bien fermes, faites meringuer avec l'autre moitié du sucre.

6 Étalez très régulièrement cette pâte sur une plaque e cuisson (j'utilise un moule n silicone pour gâteau roulé e 23 cm x 33 cm). Enfournez , faites cuire 10 minutes.

7 À la sortie du four, retournez la plaque de biscuit sur un torchon propre. Décollez délicatement la plaque.

8 Roulez le biscuit dans le torchon. Laissez refroidir avant de le garnir.

La mousse au chocolat

Pour 6 à 8 personnes
Préparation : 20 minutes
Cuisson : 5 minutes

Ingrédients
3 gros œufs
130 g de chocolat noir
à 52 % de cacao
50 g de beurre
1 pincée de sel

1 Clarifiez les œufs en séparant les blancs des jaunes.

5 Battez les blancs en neige ferme avec une pincée de sel.

2 Coupez le chocolat et faites-le fondre au bain-marie.

3 Ajoutez le beurre coupé en dés et mélangez jusqu'à ce qu'il fonde.

4 Hors du feu, ajoutez les jaunes un par un dans le chocolat.

6 À l'aide d'une maryse, incorporez un tiers es blancs dans le chocolat fondu our détendre le mélange.

7 Ajoutez un tiers de blancs en plus et remuez délicatement. Soulevez la préparation du bas vers le haut pour ne pas casser les blancs.

8 Ajoutez le reste des blancs et continuez à les incorporer délicatement.

Vacherin café-chocolat

Pour 8 à 10 personnes
Préparation : 1 heure 30
Cuisson : 2 heures
Repos : 4 heures 15

Pour la meringue
(voir technique p. 46)
80 g de blancs d'œufs
(environ 2 gros blancs d'œufs)
160 g de sucre

Pour la crème glacée au café
(voir technique p. 64)
50 cl de lait
4 jaunes d'œufs
100 g de sucre
12 cl de crème liquide (120 g)
½ tasse de café serré

Pour la crème glacée au chocolat
(voir technique p. 64)
35 cl de lait
3 jaunes d'œufs
65 g de sucre
10 cl de crème liquide (100 g)
120 g de chocolat noir
à 52 % de cacao

Pour la chantilly mascarpone
30 cl de crème liquide entière
froide
200 g de mascarpone
10 g de sucre glace
2 cuillerées à café de cacao
pour le décor

Pour la meringue

1. Réalisez 2 disques de meringue de 18 cm de diamètre selon la technique p. 46.

Pour les crèmes glacées

2. Réalisez la crème glacée au café selon la technique p. 64, en ajoutant ½ tasse de café à l'étape 7. Réservez-la au congélateur.
3. Réalisez la crème glacée au chocolat selon la technique p. 64, en ajoutant 120 g de chocolat noir fondu à l'étape 7.
4. Réalisez le montage selon la technique p. 66.

Pour le montage

5. Pour le montage, il vous faudra réaliser une crème Chantilly : versez la crème liquide, le mascarpone et le sucre dans un bol bien froid et fouettez jusqu'à avoir une texture de crème Chantilly.
6. Saupoudrez de cacao en poudre au moment de servir.

La crème glacée

Pour 6 à 8 personnes
Préparation : 15 minutes
Cuisson : 10 minutes
Repos : 30 minutes

Ingrédients
4 jaunes d'œufs
100 g de sucre
50 cl de lait
12 cl de crème liquide

Expert

Conseil

Attention de ne pas faire bouillir la crème anglaise, vous auriez des grumeaux. L'idéal est de cuire tout doucement et de laisser la crème épaissir peu à peu. La cuisson est longue mais elle doit se faire doucement pour avoir une belle texture.

1 Dans un saladier, fouettez les jaunes d'œufs avec le sucre, jusqu'à ce que le mélange blanchisse

5 La crème va épaissir et napper la cuillère.

2 Faites chauffer le lait dans une casserole.

3 Versez-le peu à peu sur les jaunes d'œufs.

4 Remettez le mélange dans la casserole et faites chauffer doucement, en remuant régulièrement.

6 Hors du feu, incorporez la crème liquide.

7 Ajoutez le parfum de votre choix : café, chocolat fondu, arôme, épices…

8 Mettez le mélange au réfrigérateur pour qu'il soit bien froid (pendant environ 30 minutes) puis faites-le prendre en sorbetière.

Le montage du vacherin

Pour 8 à 10 personnes
Préparation : 1 heure 30
Repos : 3 heures 15

Ingrédients
2 disques de meringue de 18 cm de diamètre (voir recette p. 46)
1 glace au café (recette en p. 64)
1 glace au chocolat (recette en p. 64)
1 crème Chantilly au mascarpone (recette en p. 62)

1 Déposez une coque de meringue dans un moule à charnières de 18 cm de diamètre, à haut bord.

5 Démoulez délicatement le dessert en chauffant un peu les parois du moule.

Expert

2 Laissez un peu ramollir la glace au café et déposez-la ur la meringue. Remettez u congélateur.

3 Laissez un peu ramollir la glace au chocolat et déposez-la sur la glace au café.

4 Déposez le second disque de meringue. Réservez 3 heures au congélateur pour bien solidifier les glaces.

6 Versez la crème chantilly dans une poche à douille t répartissez-la sur toute la surface u gâteau.

7 Lissez avec une spatule en inox. Remettez le gâteau 15 minutes au congélateur pour être sûr qu'il ne fonde pas.

8 Décorez le dessus du vacherin à l'aide d'une poche munie d'une douille cannelée de 8 mm. Remettez-le au congélateur jusqu'au moment de servir.

Macarons cadeaux de Noël

Pour 20 à 25 macarons
Préparation : 1 heure 30
Cuisson : 30 minutes
Repos : 2 heures

Pour les macarons (voir technique p. 72)
80 g de poudre d'amandes
120 g de sucre glace
80 g de blancs d'œufs (2 gros blancs)
60 g de sucre en poudre
1 pointe de colorant (facultatif)
1 pincée de sel

Pour la ganache
100 g de chocolat noir à 52 % de cacao
50 g de crème liquide
40 g pâte de praliné (voir technique p. 70)

Pour le décor
1 feutre alimentaire noir

Pour les macarons

1. Réalisez les coques de macarons selon la technique p. 72, en les colorant avec du colorant rouge. Laissez-les reposer 1 heure à température ambiante.
2. Préchauffez le four à 145 °C (th. 4-5). Faites-les cuire 14 à 16 minutes.
3. Laissez-les complètement refroidir (environ 1 heure) sur la plaque de cuisson.

Pour la ganache

4. Hachez grossièrement le chocolat et versez-le dans un saladier.
5. Faites chauffer la crème et versez-la sur le chocolat. Remuez jusqu'à avoir une texture homogène. Incorporez le praliné et mélangez bien.
6. Versez la ganache dans une poche munie d'une douille unie de 8 mm. Laissez la ganache durcir à température ambiante. Surveillez-la pour l'utiliser dès qu'elle a la tenue d'une pâte à tartiner.

Pour le montage

7. Décollez délicatement les coques de macarons. Réunissez-les deux à deux selon leurs tailles.
8. Dessinez un nœud sur la moitié des coques à l'aide d'un feutre alimentaire.
9. Garnissez les coques de ganache et assemblez-les deux à deux.

La pâte de praliné

Pour 1 petit pot
Préparation : 30 minutes
Cuisson : 15 minutes

Ingrédients
100 g de noisettes (ou 50 g d'amandes et 50 g de noisettes)
100 g de sucre en poudre

1 Placez les noisettes sur une plaque munie d'une feuille de papier sulfurisé et faites-les torréfier pendant 10 minutes à 180 °C (th. 6).

5 Versez le caramel brûlant sur les noisettes et enrobez-les, puis laissez complètement refroidir.

Conseil

Pour la cuisson du caramel, l'idéal est d'avoir une casserole suffisamment grande pour que le sucre soit réparti en une fine couche. Veillez bien à mixer le pralin en plusieurs fois car le robot risque de fatiguer. S'il chauffe, laissez-le reposer un peu.

2 À la sortie du four, frottez-les dans un torchon pour retirer peau. Attention de ne pas vous rûler ! Remettez-les sur la plaque.

3 Versez le sucre dans une casserole en inox et faites-le chauffer à feu moyen.

4 Laissez le sucre fondre sans le remuer. Surveillez la cuisson, le caramel ne doit pas devenir trop foncé, sinon il sera amer.

6 Cassez la plaque de caramel aux noisettes et mettez-la ans un mixeur.

7 Mixez doucement pour obtenir des grains de pralin.

8 Continuez à mixer en plusieurs fois jusqu'à obtenir une pâte de praliné bien onctueuse.

La pâte à macarons

Pour 20 petits macarons
Préparation : 30 minutes

Ingrédients
80 g de poudre d'amandes
120 g de sucre glace
80 g de blancs d'œufs
(2 gros blancs)
60 g de sucre en poudre
1 pointe de colorant
(facultatif)
1 pincée de sel

1 Mixez ensemble la poudre d'amandes et le sucre glace pour avoir une poudre très fine.

5 Sans cesser de fouetter, incorporez le colorant alimentaire de votre choix (facultatif).

Expert

Conseil

Les macarons seront meilleurs 12 à 24 heures après avoir été garnis. Vous pouvez les conserver une semaine au réfrigérateur. Pensez à les sortir avant la dégustation pour que la ganache ramollisse.

2 Versez les poudres dans une passoire fine pour tamiser préparation. Tamisez-les.

3 Fouettez les blancs d'œufs en neige avec une pincée de sel.

4 Lorsqu'ils sont bien mousseux, ajoutez le sucre et continuez à fouetter pour meringuer les blancs. La meringue va devenir lisse et brillante.

6 Versez le mélange de poudre d'amandes sur la meringue t mélangez délicatement vec une spatule. La pâte va devenir sse et brillante.

7 Versez-la dans une poche à douille pour pouvoir dresser vos macarons.

8 Dressez vos macarons en formant des petits carrés.

Bûche glacée litchis-rose

Pour 8 personnes
Préparation : 2 heures 30
Cuisson : 45 minutes
Repos : 3 heures

Pour la crème glacée à la rose (voir technique p. 64)
30 cl de lait
2 jaunes d'œufs
50 g de sucre en poudre
6 cl de crème liquide
3 cuillerées à café d'eau de rose ou quelques gouttes d'arôme de rose
1 pointe de colorant

Pour le sorbet aux litchis
600 g de litchis
60 g de sucre en poudre
2 blancs d'œufs (en neige)
100 g de framboises surgelées

Pour la meringue italienne (voir technique p. 78)
180 g de sucre en poudre
6 cl d'eau
100 g de blancs d'œufs (4 à 5 blancs)

Pour le biscuit dacquoise (voir technique p. 76)
180 g de poudre d'amandes
50 g de sucre glace
5 blancs d'œufs (200 g)
80 g de sucre en poudre

Pour la crème glacée à la rose

1. Réalisez la crème glacée à la rose selon la technique p. 64, en ajoutant de l'eau de rose et une pointe de colorant rose à l'étape 7. Réservez-la au congélateur dans un bac hermétique.

Pour le sorbet aux litchis

2. Pour le sorbet aux litchis : mixez les litchis avec le sucre. Fouettez les blancs d'œufs en neige et incorporez-les délicatement à la préparation.
3. Faites prendre le sorbet en sorbetière et réservez-le au congélateur dans un bac hermétique.

Pour le biscuit

4. Réalisez le biscuit selon la technique p. 76. Découpez-le en un rectangle de 8 cm x 30 cm (cela correspond à la taille du moule à bûche).

Pour la meringue

5. Réalisez la meringue italienne selon la technique p. 78.

Pour le montage

6. Réalisez le montage de la bûche selon la technique p. 80.
7. Réservez la bûche au congélateur jusqu'au service.

Le biscuit dacquoise

Pour 1 biscuit dacquoise de 15 cm x 30 cm
Préparation : 15 minutes
Cuisson : 12 minutes

Ingrédients
90 g de poudre d'amandes
25 g de sucre glace
100 g de blancs d'œufs (2 ½ blancs)
40 g de sucre en poudre

1 Préchauffez le four à 180 °C (th. 6). Tamisez ensemble la poudre d'amandes et le sucre glace pour éviter les grumeaux.

5 Étalez la préparation en un rectangle de 15 cm x 30 cm sur une plaque recouverte de papier sulfurisé ou sur une plaque en silicone. Lissez avec une spatule.

Expert

2 Montez les blancs d'œufs en neige dans un bol.

3 Dès qu'ils sont mousseux, ajoutez le sucre en poudre et continuez de battre jusqu'à obtenir des blancs meringués fermes, lisses et brillants.

4 Incorporez délicatement le mélange de poudre d'amandes et de sucre glace à l'aide d'une maryse.

6 Faites cuire le biscuit environ 12 minutes, il doit être joliment doré. Laissez-le refroidir.

7 Démoulez le biscuit sur une planche.

8 Découpez-le en rectangles, cercles ou carrés, selon la forme de votre gâteau final.

La meringue italienne

Pour environ 500 g de meringue
Préparation : 20 minutes
Cuisson : 5 minutes

Ingrédients
180 g de sucre en poudre
6 cl d'eau
100 g de blancs d'œufs
(4 à 5 blancs)

1 Dans une casserole, versez le sucre et l'eau.

Conseil

Faites attention, en battant les blancs, à ne pas verser le sucre sur les fouets afin d'éviter les projections.

5 Lorsque que le sirop atteint 118 °C, versez le sucre cuit en filet dans les blancs en neige tout en continuant de battre.

2 Faites cuire à feu moyen et surveillez la température ·ec un thermomètre.

3 Pendant ce temps, battez les blancs au batteur électrique à petite vitesse.

4 Dès que le sirop de sucre atteint 100 °C, battez les blancs à vitesse plus forte.

6 Continuez à fouetter pour bien « serrer » la meringue uis laissez-la tiédir.

7 La meringue est bien lisse et brillante. Lorsque l'on retire le fouet, elle forme un bec d'oiseau.

8 Versez la meringue italienne dans une poche munie d'une douille de 8 mm pour pouvoir l'utiliser.

Le montage de la bûche glacée

Pour 8 personnes
Préparation : 2 heures
Repos : 3 heures

Ingrédients
1 crème glacée à la rose
(voir recette p. 74)
1 sorbet aux litchis
(voir recette p. 74)
1 biscuit dacquoise
(voir technique p. 76)
1 meringue italienne
(voir technique p. 78)
100 g de framboises surgelées

Expert

Conseil

Pendant le montage, il faudra procéder rapidement pour que les glaces ne fondent pas. Remettez bien la bûche au congélateur entre chaque étape.

1 Pour faciliter le démoulage, déposez une feuille rhodoïd (plastique souple) sur le fond du moule à bûche (30 cm x 8 cm).

5 Déposez sans attendre le biscuit dacquoise et remettez la bûche au congélateur. Laissez-la pendant au moins 3 heures.

2 Laissez un peu ramollir
a glace à la rose et déposez-la
ans le fond du moule. Remettez
u congélateur.

3 Laissez un peu ramollir le sorbet aux litchis et incorporez-lui les framboises surgelées.

4 Déposez le sorbet dans le fond de la bûche.

6 Réalisez la meringue italienne selon la technique en p. 78.
émoulez la bûche et placez-la
ur le plat de service.

7 Recouvrez la bûche de meringue italienne en déposant de grandes lignes dans le sens de la longueur.

8 Dorez la meringue italienne avec un chalumeau et remettez immédiatement la bûche au congélateur.

Bûche royale aux myrtilles

Pour 8 à 10 personnes
Préparation : 1 heure 30
Cuisson : 10 minutes
Repos : 5 heures

Pour le biscuit roulé (voir technique p. 58)
4 œufs
100 g de sucre
100 g de farine
1 pincée de sel
200 g de confiture de myrtilles

Pour la crème diplomate (voir technique p. 84)
6 g de gélatine (2 ou 3 grandes feuilles)
40 g de jaunes d'œufs (2 ou 3 jaunes)
100 g de sucre en poudre
20 g de Maïzena®
25 cl de lait
20 g de beurre
20 cl de crème liquide entière froide

Pour la garniture
50 g de confiture de myrtilles
6 à 8 petites meringues

Pour le biscuit roulé

1. Réalisez le biscuit roulé selon la technique en p. 58.

Pour la crème diplomate

2. Réalisez la crème diplomate selon la technique p. 84.

Pour le montage

3. Coupez le gâteau roulé selon la technique p. 86 pour réaliser le montage des différents éléments de la bûche.
4. Réservez au réfrigérateur pendant au moins 4 heures pour que la crème se solidifie.
5. Retournez la bûche sur le plat de service et retirez délicatement la feuille rhodoïd.

Conseil

Pour gagner du temps sur votre menu de fêtes, vous pouvez réaliser cette bûche une semaine à l'avance. Attention, ne la sortez pas trop à l'avance, les meringues fondraient et rendraient du jus et le biscuit roulé risquerait de s'imprégner de la confiture et de foncer. Vous pouvez remplacer la confiture de myrtilles par une confiture de fraises ou de groseilles.

La crème diplomate

Pour environ 600 g de crème
Préparation : 30 minutes
Cuisson : 10 minutes

Ingrédients
6 g de gélatine (2 ou 3 grandes feuilles)
40 g de jaunes d'œufs
(2 ou 3 jaunes)
50 g de sucre en poudre
20 g de Maïzena®
25 cl de lait
20 g de beurre
20 cl de crème liquide
entière froide

Conseil

La crème diplomate est le résultat d'un mélange de crème pâtisssière, de crème Chantilly et de gélatine.

1 Faites tremper la gélatine dans un bol d'eau froide pour la ramollir.

5 Hors du feu, incorporez la gélatine essorée.

Expert

2 Dans un saladier, fouettez les jaunes et 25 g de sucre, uis ajoutez la Maïzena®.

3 Délayez peu à peu avec le lait tiède.

4 Portez le mélange à feu moyen et faites cuire jusqu'à l'épaississement pour avoir une crème pâtissière.

6 Ajoutez ensuite le beurre coupé en dés et mélangez bien.

7 Réalisez une crème Chantilly en fouettant la crème liquide et les 25 g de sucre restant. Réservez au frais.

8 Laissez tiédir la crème pâtissière à 27 °C puis incorporez délicatement la crème Chantilly à l'aide d'une maryse.

Le montage de la bûche royale

Pour 8 à 10 personnes
Préparation : 30 minutes
Repos : 1 heure

Ingrédients
1 biscuit roulé
(voir technique p. 58)
1 crème diplomate
(voir technique p. 84)

Pour la garniture
50 g de confiture de myrtilles
6 à 8 petites meringues

1 Déroulez délicatement le biscuit roulé et répartissez la confiture de myrtilles dessus.

5 Remplissez-le à moitié de crème diplomate.

Expert

2 Roulez le biscuit sur lui-même et placez-le dans votre moule bûche pendant 1 heure pour lui donner une forme bien ronde.

3 Coupez le gâteau roulé en rondelles.

4 Déposez une feuille rhodoïd sur le fond du moule à bûche et tapissez le fond de rondelles de gâteau roulé.

6 Déposez une ligne de confiture de myrtilles.

7 Déposez ensuite une rangée de petites meringues.

8 Couvrez enfin avec le restant de crème diplomate.

Comme un Chef

Le niveau pro s'ouvre à vous. Une fois toutes ces techniques acquises, n'hésitez pas à laisser parler votre créativité pour réaliser des gâteaux de fête toujours plus surprenants !

Bûche mangue insert framboise

Pour 8 à 10 personnes
Préparation : 2 heures
Cuisson : 30 minutes
Repos : 10 heures

Pour le crémeux framboise (voir technique p. 92)
150 g de framboises surgelées
1 œuf + 1 jaune
20 g de sucre en poudre
1 feuille de gélatine (2 g)
25 g de beurre doux

Pour le gâteau breton
80 g de beurre mou
80 g de sucre en poudre
2 jaunes d'œufs
100 g de farine
5 g de levure chimique

800 g de crème Chiboust (voir technique p. 94)
4 feuilles de gélatine (8 g)

Pour la gelée de mangue
2 feuilles de gélatine (4 g)
200 g de coulis ou purée de mangue
1 jus de citron (25 g)

Pour le nappage citron (voir technique p. 96)
1 citron non traité
3 feuilles de gélatine (6 g)
150 g d'eau
150 g de sucre
1 pointe de colorant jaune

Pour le crémeux framboise

1. Réalisez le crémeux framboise selon la technique p. 92. Versez-le dans des moules à bûchettes et placez-les pendant au moins 4 heures au congélateur.

Pour le gâteau breton

2. Préchauffez le four à 180 °C (th. 6). Réalisez le gâteau breton : mélangez le beurre et le sucre. Incorporez les jaunes puis la farine et la levure. Étalez l'appareil sur une plaque recouverte de papier sulfurisé pour obtenir un rectangle de 30 cm x 8 cm. Enfournez et faites cuire 15 minutes. Laissez refroidir.

Pour la crème Chiboust et la gelée de mangue

3. Réalisez la crème Chiboust selon la technique p. 94. Versez-la en poche à douille.
4. Tapissez le moule à bûche (30 cm x 8 cm) d'une feuille rhodoïd. Versez-y la crème Chiboust.
5. Démoulez le crémeux framboise et placez-le au centre de la crème.
6. Préparez la gelée : diluez la gélatine ramollie (dans de l'eau) dans le coulis de mangue chaud. Ajoutez le jus de citron. Versez sur la bûche.
7. Déposez le biscuit et mettez la bûche au congélateur pendant au moins 6 heures.
8. Démoulez la bûche et nappez-la avec le nappage citron selon la technique p. 96.

Le crémeux framboise

Pour environ 300 g de crémeux
Préparation : 25 minutes
Cuisson : 2 minutes
Repos : 15 minutes

Ingrédients
150 g de framboises fraîches
ou surgelées
1 feuille de gélatine (2 g)
1 œuf + 1 jaune
20 g de sucre
25 g de beurre doux

Conseil

Vous trouverez des framboises fraîches de juin à octobre. En hiver, prenez des framboises surgelées que vous laisserez décongeler avant de faire la recette.

1 Lavez les framboises et mixez finement la chair.

5 Portez le mélange à ébullition et retirez immédiatement du feu.

2 Faites tremper la feuille de gélatine.

3 Dans un bol, fouettez l'œuf entier avec le jaune d'œuf et le sucre.

4 Incorporez le coulis de fruits.

6 Incorporez la gélatine essorée.

7 Laissez refroidir la préparation à 35 °C.

8 Incorporez le beurre mou et mixez avec un mixeur plongeant pour lisser le crémeux.

La crème Chiboust

Pour environ 800 g de crème Chiboust
Préparation : 30 minutes
Cuisson : 10 minutes

Ingrédients
4 feuilles de gélatine (8 g)
4 œufs (blancs et jaunes séparés)
140 g de sucre
40 g de Maïzena®
35 cl de lait
50 g de beurre
1 cuillerée à café de vanille en poudre

1 Faites tremper les feuilles de gélatine dans un bol d'eau froide.

5 Refaites cuire le mélange à feu moyen et remuez jusqu'à l'épaississement de la crème pâtissière.

2 Dans un bol, fouettez les jaunes avec 100 g de sucre et la vanille n poudre.

3 Ajoutez la Maïzena® et mélangez bien.

4 Faites chauffer le lait et incorporez-le peu à peu dans le mélange précédent.

6 Hors du feu, ajoutez la gélatine essorée et remuez pour bien ncorporer.

7 Laissez tiédir légèrement puis incorporez le beurre coupé en petits dés. Transvasez dans un saladier.

8 Fouettez les blancs d'œufs en neige avec les 40 g de sucre restant et incorporez-les délicatement à la crème pâtissière tiède.

Le nappage aux agrumes

Pour 1 bûche
Préparation : 15 minutes
Cuisson : 2 minutes

Ingrédients
1 agrume non traité (citron, orange, pamplemousse…)
3 feuilles de gélatine (6 g)
150 g d'eau
150 g de sucre
1 pointe de colorant jaune

1 Prélevez le zeste d'un agrume (orange, citron, pamplemousse…).

5 Filtrez le sirop obtenu à l'aide d'une passoire fine.

2 Faites tremper la gélatine dans un bol d'eau froide.

3 Dans une casserole, mélangez l'eau, les zestes et le sucre.

4 Portez à ébullition et laissez bouillir pendant 2 minutes.

6 Essorez la gélatine et ajoutez-la dans le sirop chaud.

7 Ajoutez une pointe de colorant et laissez refroidir à 35 °C.

8 Versez sur l'entremets.

Layer cake bonshommes de pain d'épices

Pour 8 à 10 personnes
Préparation : 1 heure 30
Cuisson : 30 minutes
Repos : 1 heure

Pour les gâteaux en pain d'épices
200 g de farine
½ paquet de levure chimique (5 g)
90 g de sucre roux
1 cuillerée à café de mélange d'épices pour pain d'épices
175 g de miel
10 cl d'eau
140 g de beurre

Pour la crème au beurre (voir technique p. 100)
200 g de beurre doux très mou
200 g de sucre en poudre
5 cl d'eau
2 œufs (100 g)
40 g de jaunes d'œufs (2 ou 3 jaunes)
1 cuillerée à café de mélange d'épices pour pain d'épices

Pour le décor
40 g d'oranges confites en dés
30 g de sucre glace
1 branche de romarin
Une dizaine de graines de grenade
Une dizaine de biscuits bonshommes (voir recette p. 8)

Pour les gâteaux en pain d'épices

1. Réalisez les gâteaux en pain d'épices : dans un bol, mélangez la farine, la levure, le sucre et les épices. Dans une casserole, faites chauffer à feu doux le miel, l'eau et le beurre, jusqu'à ce que le beurre soit fondu. Versez dans le bol de farine et mélangez bien.
2. Préchauffez le four à 180 °C (th. 6). Versez ces gâteaux dans 3 moules de 16 cm de diamètre. Enfournez et faites cuire 20 à 25 minutes.
3. Laissez-les complètement refroidir.

Pour la crème au beurre

4. Réalisez la crème au beurre selon la technique p. 100 et parfumez-la avec le mélange d'épices.

Pour le montage

5. Réalisez le montage du gâteau selon la technique p. 102.

La crème au beurre

Pour environ 600 g de crème
Préparation : 30 minutes
Cuisson : 5 minutes

Ingrédients
200 g de beurre doux très mou
200 g de sucre en poudre
5 cl d'eau
2 œufs (100 g)
40 g de jaunes d'œufs
(2 ou 3 jaunes)
Arôme de votre choix
(pâte de praliné, vanille,
café, thé vert matcha...)

1 Sortez le beurre au moins 2 heures à l'avance, coupez-le en petits cubes et laissez-le ramollir à température ambiante.

Conseil

Lorsque vous versez le sirop sur les jaunes, versez-le sur la paroi du bol et non sur les fouets pour éviter les projections du sirop bouillant.

5 Dès que le sirop atteint 121 °C, retirez-le du feu et versez-le sur les jaunes en fouettant à la puissance maximale.

2 Placez le sucre et l'eau dans une petite casserole n inox. Faites chauffer pour former n sirop.

3 Pendant ce temps, placez les 2 œufs et les jaunes dans la cuve du batteur.

4 Commencez à fouetter les œufs à vitesse lente.

6 Continuez à fouetter jusqu'au refroidissement total e la préparation. Elle va prendre u volume et blanchir.

7 Sans cesser de fouetter, ajoutez peu à peu le beurre pommade.

8 Ajoutez l'arôme de votre choix et stoppez dès que la préparation est homogène. Veillez à ne pas trop fouetter, la crème au beurre risquerait de trancher.

Le montage du layer cake

Pour 8 à 10 personnes
Préparation : 30 minutes

Ingrédients
3 gâteaux pain d'épices
de 16 cm de diamètre
600 g de crème au beurre
aux épices (voir recette p. 98)

Pour le décor
40 g d'écorces d'oranges
confites en dés
30 g de sucre glace
1 branche de romarin
Une dizaine de graines de grenade
Une dizaine de biscuits bonshommes
(voir recette p. 8)

1 Déposez un gâteau sur le plat de service.

5 Lissez la crème au beurre avec une spatule.

2 Tartinez-le généreusement de crème au beurre t saupoudrez de dés d’écorces ’oranges confites.

3 Recouvrez d’un deuxième gâteau. Ajoutez une nouvelle couche de crème au beurre et de dés d’écorces d’oranges confites.

4 Déposez le dernier gâteau et recouvrez de crème au beurre.

6 Saupoudrez la surface de sucre glace.

7 Décorez avec des pluches de romarin et des graines de grenade, de manière à former une couronne sur le haut du gâteau.

8 Finissez en déposant des biscuits bonshommes tout autour du gâteau.

Entremets coco-ananas

Pour 8 personnes
Préparation : 2 heures
Cuisson : 25 minutes
Repos : 5 heures
1 biscuit coco
(voir technique p. 106)

Pour la crème d'ananas (voir technique p. 108)
450 g de chair d'ananas
1 petit citron
3 gros œufs
100 g de sucre en poudre
45 g de Maïzena®

Pour la mousse coco (voir technique p. 110)
200 g de fromage blanc
60 g de sucre en poudre
6 de gélatine (3 feuilles)
10 cl de lait de coco
25 cl de crème liquide entière froide

1 glaçage miroir
(voir technique p. 112)

Pour la crème Chantilly au mascarpone
100 g de crème liquide entière froide
50 g de mascarpone
10 g de sucre glace
½ cuillerée à café de poudre de vanille

Pour le biscuit

1. Réalisez le biscuit selon la technique p. 106.

Pour la crème d'ananas

2. Réalisez la crème d'ananas selon la technique p. 108.

Pour la mousse coco

3. Réalisez la mousse coco selon la technique p. 110.

Pour le montage

4. Dans un cadre en inox de 23 cm x 17 cm, placez un biscuit coco, la moitié de la crème d'ananas et la moitié de la mousse coco. Déposez ensuite un nouveau biscuit coco, le restant de crème d'ananas et de la mousse coco.
5. Placez l'entremets pendant au moins 5 heures au congélateur.
6. Réalisez le glaçage miroir selon la technique p. 112.
7. Démoulez l'entremets, placez-le sur une grille et versez par-dessus le glaçage miroir en une fois.

Pour la chantilly au mascarpone

8. Fouettez la crème liquide, le mascarpone, le sucre glace et la vanille jusqu'à l'obtention d'une texture de crème Chantilly. Décorez le gâteau en déposant deux rangées de rosaces.

Le biscuit coco

Pour 1 biscuit de 23 cm x 33 cm
Préparation : 15 minutes
Cuisson : 20 minutes

Ingrédients
3 gros œufs
160 g de sucre en poudre
120 g de farine
2 cuillerées à café de levure chimique
10 cl de lait de coco
30 g de noix de coco râpée

1 Dans un saladier, fouettez les œufs avec le sucre jusqu'à ce que le mélange blanchisse.

5 Versez la pâte sur une plaque d'environ 23 cm × 33 cm, recouverte de papier sulfurisé ou dans un moule à génoise.

2 Tamisez la farine et la levure ensemble.

3 Incorporez-les peu à peu à la préparation à base d'œufs.

4 Puis incorporez le lait et la noix de coco. Préchauffez le four à 160 °C (th. 5-6).

6 Faites cuire pendant 20 minutes.

7 Coupez la génoise en deux pour obtenir deux rectangles de 23 cm x 17 cm.

8 Placez le premier biscuit dans un cadre en inox de 23 cm x 17 cm.

La crème d'ananas

Pour environ 500 g de crème
Préparation : 15 minutes
Cuisson : 5 minutes

Ingrédients
450 g de chair d'ananas
1 petit citron
3 gros œufs
100 g de sucre en poudre
45 g de Maïzena®

1 Mixez la chair d'ananas afin d'obtenir un coulis.

5 Ajoutez ensuite le jus de citron.

2 Pressez le citron pour récupérer le jus.

3 Dans un saladier, fouettez les œufs avec le sucre.

4 Incorporez la Maïzena®.

6 Ajoutez le coulis de fruits.

7 Versez dans une casserole et faites cuire à feu moyen, environ 5 minutes, jusqu'à l'épaississement.

8 Versez la préparation dans une poche à douille et laissez refroidir.

La mousse coco

Pour 6 à 8 personnes
Préparation : 20 minutes
Cuisson : 2 minutes

Ingrédients
200 g de fromage blanc
60 g de sucre en poudre
6 de gélatine (3 feuilles)
10 cl de lait de coco
25 cl de crème liquide
entière froide

1 Dans un saladier, mélangez le fromage blanc et le sucre.

5 Ajoutez le lait de coco dans le bol de fromage blanc et mélangez bien.

Conseil

Cette mousse peut être coulée dans des verrines ou faire partie d'un entremets.

2 Faites tremper les feuilles de gélatine dans un bol d'eau oide pour les ramollir.

3 Versez le lait de coco dans une petite casserole et portez-le à ébullition.

4 Ajoutez la gélatine essorée.

6 Dans un bol bien froid, fouettez la crème liquide pour obtenir ne crème fouettée.

7 Ajoutez-la peu à peu dans le bol de fromage blanc.

8 Votre mousse coco est prête à être utilisée.

Le glaçage miroir

Pour 1 entremets de 23 cm x 17 cm
Préparation : 20 minutes
Cuisson : 8 minutes

Ingrédients
6 g de gélatine (3 feuilles)
390 g de chocolat blanc
240 g de crème liquide
60 g d'eau
30 g d'huile
60 g de sucre

1 Faites tremper les feuilles de gélatine dans un bol d'eau froide pour les ramollir.

5 Essorez les feuilles de gélatine.

Conseil

Le glaçage miroir se verse sur un entremets glacé. Pour l'utiliser, il faut le réchauffer jusqu'à 28 °C et le verser en une fois sur le dessert pour avoir un glaçage bien net.

2 Faites fondre le chocolat blanc au bain-marie.

3 Dans une casserole, mélangez la crème liquide, l'eau, l'huile et le sucre. Portez à ébullition et retirez du feu.

4 Incorporez le chocolat fondu en trois fois.

6 Ajoutez-les à la préparation. Laissez le glaçage refroidir.

Entremets boules de Noël poire-caramel

Pour 6 entremets
Préparation : 3 heures
Cuisson : 30 minutes
Repos : 12 heures

Ingrédients
6 cuillerées à café de caramel au beurre salé
(voir recette p. 116)

Pour la compote de poire
1 grosse poire
20 g de sucre

Pour la crème Chiboust
(voir technique p. 94)
2 ½ feuilles de gélatine (5 g)
2 jaunes d'œufs
70 g de sucre
20 g de Maïzena®
25 cl de lait
35 g de beurre
1 blanc d'œuf

Pour les finitions
100 g de chocolat noir
6 sablés

Pour le glaçage coque de chocolat
125 g de chocolat blanc
170 g de beurre de cacao
20 g de cacao en poudre

Pour la compote de poire

1. Pelez la poire et retirez le cœur. Coupez la chair en petits cubes.
2. Faites cuire les dés de poire avec le sucre pour obtenir une compotée. Mixez finement.
3. Versez le caramel dans six moules mini-sphères et la compote de poire dans six autres et laissez prendre pendant 6 heures au congélateur.

Pour la crème Chiboust

4. Réalisez la crème Chiboust selon la technique p. 94.

Pour le montage

5. Réalisez le montage des entremets selon la technique p. 118.
6. Pour servir, retirez les piques en bois et déposez une attache de boule de Noël.

Le caramel au beurre salé

Pour 1 petit pot à confiture
Préparation : 5 minutes
Cuisson : 10 minutes

Ingrédients
20 cl de crème liquide, entière
100 g de sucre semoule
40 g de beurre demi-sel

1 Faites chauffer la crème liquide dans une petite casserole.

5 Si le caramel commence à brunir, mélangez rapidement avec une cuillère. Le caramel doit rester blond et ne pas trop brunir.

Conseil

Versez le caramel dans un petit pot à confiture, laissez-le refroidir et conservez-le au réfrigérateur.

2 Placez le sucre dans une casserole en inox. Prenez une casserole suffisamment large pour que le sucre soit étalé en une fine couche.

3 Faites chauffer le sucre sans ajout d'eau à feu moyen.

4 Laissez cuire sans remuer jusqu'à ce qu'il fonde et caramélise. Des zones vont commencer à fondre.

6 Ajoutez le beurre coupé en dés et mélangez bien.

7 Ajoutez ensuite la crème liquide en mélangeant vivement avec un fouet pour éviter les grumeaux. Poursuivez la cuisson pendant 5 minutes puis retirez du feu.

8 Le caramel reste un peu liquide en fin de cuisson mais il a une belle texture crémeuse. Il va se solidifier en refroidissant et prendre la texture d'une pâte à tartiner.

Le montage des entremets boules de Noël

Pour 6 entremets
Préparation : 1 heure
Cuisson : 10 minutes
Repos : 1 heure

Ingrédients
6 mini demi-sphères de poire
et 6 mini demi-sphères de caramel
(voir recette p. 114)
1 crème Chiboust
(voir technique p. 94)

Pour les finitions
100 g de chocolat noir
6 sablés

Pour le glaçage coque de chocolat
125 g de chocolat blanc
170 g de beurre de cacao
20 g de cacao en poudre

Conseil

Trempez les sphères une première fois dans le glaçage en les posant sur une assiette, puis plongez-les une seconde fois dans le glaçage pour avoir une coque plus épaisse et posez-les sur les sablés.

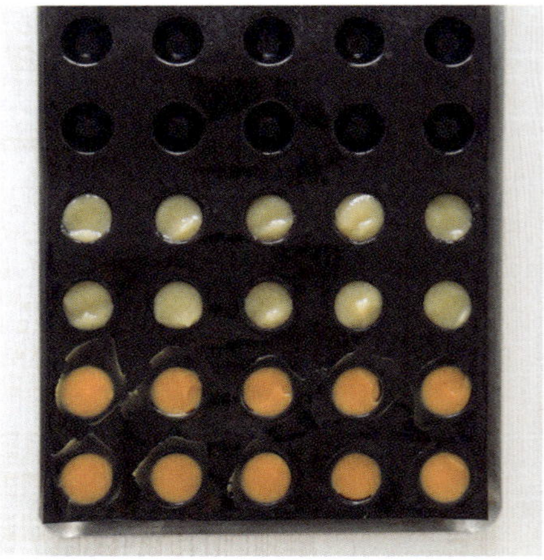

1 Décollez les mini demi-sphères de caramel et de poires.

5 Faites chauffer le chocolat blanc et le beurre de cacao au bain-marie pour les faire fondre.

2 Répartissez la crème Chiboust dans des moules en silicone à demi-sphère (12 empreintes en tout). Déposez 6 cœurs de caramel et 6 cœurs de poire. Placez pendant 6 heures au congélateur.

3 Démoulez les ½ sphères et chauffez le côté plat sur une poêle pendant quelques secondes. Assemblez les demi-sphères 2 par 2 en mélangeant poire et caramel. Réservez au congélateur 1 heure.

4 Faites fondre le chocolat noir et badigeonnez les sablés de chocolat. Réservez au réfrigérateur pour que le chocolat durcisse.

6 Retirez du feu et incorporez le cacao en poudre.

7 Mixez la préparation et filtrez-la. Réservez au chaud.

8 Piquez les sphères avec une pique en bois et plongez-les dans le glaçage au chocolat. Posez-les sur les sablés chocolatés.

Maison en pain d'épices

Pour 8 à 10 personnes
Préparation : 2 heures 30 à 3 heures
Cuisson : 30 minutes
Repos : 1 heure

Pour le biscuit pain d'épices (voir recette p. 8)
140 g de beurre doux
140 g de sucre
200 g de miel d'acacia
2 œufs moyens
2 cuillerées à café de mélange d'épices à pain d'épices
600 g de farine
2 cuillerées à café de levure chimique

Pour le glaçage royal (décor)
10 g de blanc d'œuf
60 g de sucre glace

Pour le glaçage royal (colle)
10 g de blanc d'œuf
70 g de sucre glace

Pour le décor
Sucres décoratifs : cœur, flocons de neige, étoile, couronne de Noël...

Pour le gâteau

1. Réalisez le biscuit de pain d'épices selon la recette p. 8. Partagez la pâte en deux morceaux égaux.
2. Étalez les pâtes, réalisez les découpes et faites cuire les biscuits selon la technique p. 122.

Pour le montage

3. Décorez les biscuits et assemblez-les selon la technique p. 124.

La découpe des murs de la maison en pain d'épices

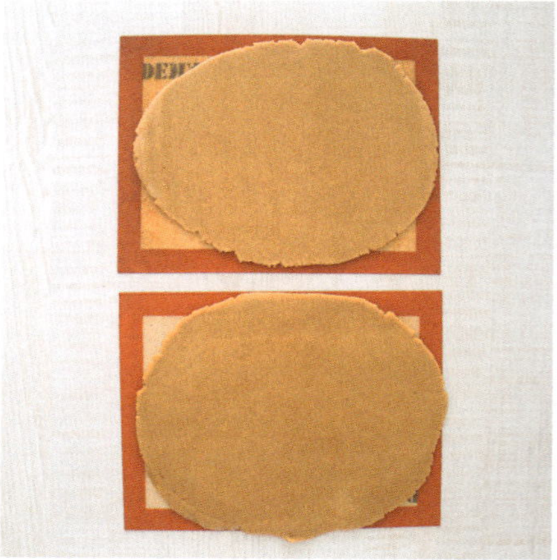

1 Partagez la pâte en deux morceaux égaux. Étalez-les sur une plaque en silicone (ou sur une feuille de papier sulfurisé).

Pour 1 maison en pain d'épices
Préparation : 40 minutes
Cuisson : 15 minutes

Pour le biscuit pain d'épices (voir recette p. 8)
140 g de beurre doux
140 g de sucre
200 g de miel d'acacia
2 œufs moyens
2 cuillerées à café de mélange d'épices à pain d'épices
600 g de farine
2 cuillerées à café de levure chimique

5 Découpez un toit, un mur long et une façade dans chaque pâte. Préchauffez le four à 150 °C (th. 5).

2 Découpez dans un carton un rectangle de 19 cm x 10 cm ui fera office de patron pour le toit e la maison.

3 Découpez dans un carton un rectangle de 16 cm x 10 cm qui fera office de patron pour les murs longs de la maison.

4 Découpez dans un carton une façade constituée d'un carré de 11 cm x 10 cm et d'un toit de 7 cm de haut qui fera office de patron pour les deux façades principales de la maison.

6 Retirez les chutes de pâte et déposez la plaque en silicone ur une plaque du four (ainsi ous ne déplacez pas les sablés t vous ne risquez pas le les déformer).

7 Faites cuire les sablés pendant 15 minutes puis laissez-les refroidir sur une grille.

8 Avec les chutes de pâte, découpez et faites cuire un socle carré d'environ 22 cm x 22 cm et quelques figurines (sapins ou bonshommes).

Le montage de la maison en pain d'épices

Pour 1 maison en pain d'épices
Préparation : 1 heure 30 à 2 heures
Repos : 1 heure

Ingrédients
6 biscuits et un socle en biscuits de pain d'épice

Pour le glaçage royal décor
10 g de blanc d'œuf
60 g de sucre glace

Pour le glaçage royal colle
10 g de blanc d'œuf
70 g de sucre glace

Pour le décor
Sucres décoratifs : cœur, flocons de neige, étoile, couronne de Noël…

1 Réalisez le glaçage royal décor en mélangeant le blanc d'œuf et le sucre glace. Versez dans une poche munie d'une douille de 2 mm.

5 Réalisez le glaçage royal colle, un peu plus épais, en mélangeant le blanc d'œuf avec le sucre glace. Versez dans une poche munie d'une douille de 3 ou 4 mm.

2 Décorez les deux biscuits « toits » en dessinant des tuiles.

3 Décorez les deux biscuits « façades » en dessinant une porte sur l'une et une fenêtre sur l'autre.

4 Décorez les deux biscuits « murs longs » en dessinant des fenêtres.

6 Placez les 4 murs accolés sur le socle et mettez un point e glaçage sur chaque coin our faire 4 points de repère.

7 Tracez deux traits de glaçage colle sur le socle, le long du mur de gauche et de la façade de devant. Tracez un trait de colle sur les biscuits, sur la partie du mur qui va toucher.

8 Assemblez ces deux premiers murs et maintenez-les ainsi quelques minutes, jusqu'à ce que la colle sèche et que les murs tiennent tout seuls.

Le montage de la maison en pain d'épices

9 Tracez un trait de glaçage colle sur le socle, à l'emplacement du futur mur de droite. Tracez un trait de colle sur le biscuit, sur la partie qui va toucher le mur déjà en place.

13 Décorez les jointures extérieures avec du glaçage pour faire une jolie finition. Laissez sécher pendant au moins 1 heure.

10 Mettez en place ce nouveau mur et maintenez-le ainsi endant quelques minutes, jusqu'à e que la colle sèche et que le mur ienne tout seul.

11 Tracez un trait de glaçage colle sur le socle, à l'emplacement de la future façade de derrière. Tracez un trait de colle sur le biscuit, sur les deux côtés du mur qui toucheront les deux autres biscuits.

12 Mettez en place ce dernier mur et maintenez-le ainsi pendant quelques minutes, jusqu'à ce que la colle sèche et que le mur tienne tout seul.

14 Tracez un trait de colle sur le haut de tous les murs t sur le tour des biscuits « toits ».

15 Mettez en place les biscuits du toit et maintenez-les ainsi jusqu'à ce que la colle soit bien sèche et que le toit tienne tout seul.

16 Finissez le décor en décorant la jointure supérieure du toit et en ajoutant des petits sucres décoratifs.

Mont-blanc aux groseilles

Pour 8 tartelettes
Préparation : 45 minutes
Cuisson : 20 minutes
Repos : 1 heure

Ingrédients
Pour les 8 sablés bretons
100 g de farine
5 g de levure chimique
2 jaunes d'œufs
1 pincée de vanille en poudre
80 g de beurre mou
80 g de sucre en poudre

Pour la crème de marron
125 g de crème de marron
125 g de beurre

Pour la chantilly
15 cl de crème liquide à 35 % de matière grasse
120 g de mascarpone
30 g de sucre glace

Pour le décor et les finitions
8 cuillerées à café de confiture de groseilles
8 petites meringues
Sucre glace

1. Mélangez le beurre mou et la crème de marron à l'aide d'un fouet.
2. Mettez la préparation dans une poche à douille (avec un embout lisse de 2 mm) et réservez au réfrigérateur.
3. Réalisez les sablés bretons selon la recette p. 130.
4. Réalisez la chantilly et le montage des tartelettes Mont-blanc selon la technique p. 132.
5. Au moment de servir, saupoudrez les tartelettes de sucre glace.

Les sablés bretons

Pour 8 à 10 sablés de 7 cm de diamètre
Préparation : 15 minutes
Cuisson : 20 minutes
Repos : 1 heure

Ingrédients
100 g de farine
5 g de levure chimique
2 jaunes d'œufs
1 pincée de vanille en poudre
80 g de beurre mou
80 g de sucre en poudre

1 Dans un saladier, mélangez le beurre mou avec le sucre en poudre et la vanille.

5 Mélangez jusqu'à l'obtention d'une pâte homogène. Réservez la pâte 1 heure au frais.

Conseil

La pâte doit faire environ ½ ou 1 cm d'épaisseur avant la cuisson.
Mettez un disque de papier sulfurisé dans les cercles en inox pour mieux démouler les sablés.

Expert

2 Incorporez les jaunes d'œufs.

3 Tamisez ensemble la farine et la levure chimique.

4 Ajoutez-les à la pâte en la travaillant avec une cuillère en bois.

6 Préchauffez le four à 180 °C (th. 6). Répartissez la pâte dans 8 cercles en inox de 6 ou 7 cm.

7 Étalez la pâte avec vos mains pour lui donner un aspect lisse.

8 Enfournez pendant 15 à 20 minutes.

Le montage

Pour 8 tartelettes
Préparation : 30 minutes

Ingrédients
Pour la chantilly
120 g de mascarpone
15 cl de crème liquide à 35 %
30 g de sucre glace

Pour le décor et les finitions
8 cuillerées à café de confiture de groseilles
8 petites meringues
Sucre glace

1 Réalisez les sablés bretons (voir recette p. 130) et laissez-les complètement refroidir sur une grille.

5 Fouettez jusqu'à l'obtention d'une texture de chantilly et versez dans une poche à douille.

Expert

2 Déposez une cuillerée de confiture de groseilles ur chaque biscuit.

3 Déposez ensuite une meringue sur chaque sablé.

4 Mélangez le mascarpone et la crème dans un bol bien froid. Ajoutez le sucre.

6 Enrobez les meringues de chantilly et formez un dôme sur le dessus.

7 Lissez la chantilly à l'aide d'une spatule.

8 Décorez avec une spirale de crème de marron.

Glossaire

Abaisser une pâte
Étaler une pâte pour atteindre une certaine épaisseur. Le résultat est une abaisse.

Bavaroise
Crème anglaise à laquelle on ajoute de la gélatine et de la crème fouettée.

Blanchir
Travailler vigoureusement au fouet des œufs et du sucre jusqu'à ce que le mélange devienne mousseux et clair.

Cardamome
Épice venant du sud de l'Inde au goût camphré et légèrement citronné.

Clarifier des œufs
Séparer le blanc des jaunes.

Coucher des petits choux
Déposer sur la plaque de cuisson à l'aide d'une poche à douille ou à la cuillère.

Crème montée
Crème liquide fouettée comme une chantilly mais sans sucre.

Crémeux
Préparation travaillée de manière à obtenir une consistance mousseuse et crémeuse.

Cuire à la nappe
Cuire sans dépasser la température de 85 °C comme pour réaliser une crème anglaise. Il faut que la préparation nappe la cuillère.

Incorporer
Mélanger un aliment avec un autre.

Infuser
Mettre en contact un ingrédient aromatique pendant un certain temps avec un liquide chaud ou tiède de manière à ce qu'il répande son parfum ou son arôme.

Insert
Préparation insérée à l'intérieur d'un entremets et visible uniquement à la découpe.

Maryse
Spatule souple en caoutchouc permettant de racler le fond des plats.

Masser
Action de cristalliser un sirop de sucre.

Pâte à cigarette
Préparation croustillante à base de beurre, farine, sucre glace et blanc d'œuf.

Pâte sucrée
Pâté utilisée pour confectionner les fonds de tartes.

Poche à douille
Sac conique muni d'un embout appelé douille, utilisé en pâtisserie pour décorer ou garnir des mets.

Ruban (faire le)
Se dit d'un mélange de jaunes d'œufs et de sucre en poudre dont la consistance devient suffisamment lisse pour couler sans se casser du haut d'une spatule.

Sabler
Travailler farine et beurre entre le bout des doigts pour donner une consistance proche du sable.

Sucre cuit
Sucre cuit dans l'eau à 155 °C puis mixé pour obtenir une poudre très fine.

Tant pour tant
Expression qui signifie autant d'un ingrédient que d'un autre. Par exemple, un beurre manié se réalise avec un tant pour tant de beurre et de farine, c'est-à-dire le même poids de beurre que de farine.

Tamiser
Passer un ingrédient dans un tamis ou une passoire fine afin d'éliminer les grumeaux ou d'éventuelles particules et obtenir une poudre fine et régulière (s'emploie généralement pour la farine).

Torréfier
Faire chauffer ou griller un produit pour en développer les arômes.

Zester
Retirer le zeste d'un agrume à l'aide d'un petit couteau économe, ou d'un zesteur, et ôter la partie blanche de l'écorce qui est amère.

Équivalences

Mesures liquides

Système métrique	Système américain	Autre nom
5 ml	1 cuillère à thé (cuillère à café française)	
15 ml	1 cuillère à table (cuillère à soupe française)	
35 ml	1/8 cup (tasse française)	1 oz (ou once)
65 ml	1/4 cup ou 1/4 grand verre	2 oz
125 ml	1/2 cup ou 1/2 grand verre	4 oz
250 ml	1 cup ou 1 grand verre	8 oz
500 ml	2 cups ou 1 pinte	
1 litre	4 cups ou 2 pintes	

Mesures solides

Système métrique	Système américain	Autre nom
30 g	1/8 oz	
55 g	1/8 lbs	2 oz
115 g	1/4 lbs	4 oz
170 g	3/8 lbs	6 oz
225 g	1/2 lbs	8 oz
454 g	1 livre	16 oz

Chaleur du four

Chaleur	° Celsius	Thermostat	° Fahrenheit
Très doux	70 °C	Th. 2-3	150 °F
Doux	100 °C	Th. 3-4	200 °F
	120 °C	Th. 4	250 °F
Moyen	150 °C	Th. 5	300 °F
	180 °C	Th. 6	350 °F
Chaud	200 °C	Th. 6-7	400 °F
	230 °C	Th. 7-8	450 °F
Très chaud	260 °C	Th. 8-9	500 °F

Bonnes adresses

Mora

Le spécialiste des ustensiles
de cuisine professionnels à Paris
13, rue Montmartre
75001 Paris
moracontact@mora.fr
Téléphone : 01 45 08 19 24

G. Detou

Grossiste alimentaire spécialisé en pâtisserie :
colorants, épices, chocolat, fondant pâtissier,
glucose, pâte de pistache…
58, rue Tiquetonne
75002 Paris
Téléphone : 01 42 36 54 67

Déco Relief

Consommables, moules, ustensiles
et décors pour la pâtisserie et le chocolat
6, rue Montmartre
75001 Paris
Téléphone : 01 44 82 97 57

Ôdélices

Le site de mon magazine *Ôdelices* où je partage
mes recettes et mon savoir-faire.
odelices.ouest-france.fr/

Remerciements

Merci à Barbara Le Clerre, qui m'a assistée aux fourneaux pour la réalisation de ce livre.

Merci à mes nombreux testeurs, mon mari Axel et mes enfants Bastien et Anaïs aux premières loges, mais aussi ma sœur Audrey, mes voisines, amis et collègues de travail !

Merci à ma maman, Joséphine, qui m'a transmis le goût des bons desserts avec sa fameuse tarte au citron meringuée.

Merci à mon papa, Marc, sans qui je n'aurais peut-être pas fait ce métier.

Si des questions persistent, n'hésitez pas à me contacter via mes réseaux sociaux, je me ferai un plaisir de vous aider !
Je vous invite également à vous rendre sur mon site internet odelices.ouest-france.fr, vous y trouverez tout ce dont vous avez besoin pour réussir vos créations.

Facebook : Recettes faciles Odelices
Instagram : Odelices

Direction : Guillaume Pô
Direction éditoriale : Tatiana Delesalle
Édition : Aurélie Cazenave
Direction artistique : Chloé Ève et Ambrine Angaud
Maquette : Nord Compo
Lecture-correction : Claire Fontanieu et Angélique Fusari
Responsable de fabrication : Thierry Dubus
Suivi de fabrication : Marie Dubourg
Photographies et stylisme intérieur : Marie-Laure Tombini
Photographie de couverture : Nathalie Carnet
Stylisme de couverture : Sophie Dupuis-Gaulier

N° d'édition : M22206
ISBN : 978-2-3170-2972-1
MDS : MN29721

Achevé d'imprimer en août 2022 par GPS, Slovénie

Dépôt légal : septembre 2022
www.mangoeditions.com

FSC www.fsc.org
MIXTE
Papier | Pour une gestion forestière responsable
FSC® C118234

Ce livre s'inscrit dans une démarche écoresponsable. Il est composé de matériaux issus de forêts bien gérées, certifiées FSC® et d'autres sources contrôlées. Cette certification garantit une empreinte carbone réduite et une gestion raisonnée de la forêt, qui maintient la biodiveristé et protège les écosystèmes. Il a été imaginé et conçu en France.

Retrouvez-nous sur Instagram et Facebook : @mangoeditions